JN437222

불안에게 들키다

하두자 시인은
부산에서 태어났으며,
1998년 ≪심상≫으로 등단했다.
시집으로 『물수제비 뜨는호수』, 『물의 집에 들다』가 있다.
한국시인협회, 국제팬클럽, 목월포럼 회원으로 활동하고 있다.

리토피아포에지 · 13
불안에게 들키다

인쇄 2010. 9. 1 발행 2010. 9. 5
지은이 하두자 펴낸이 정기옥
펴낸곳 리토피아
출판등록 2006. 6. 15. 제2006-12호
주소 402-013 인천 남구 숭의3동 120-1
전화 032-883-5356 전송032-891-5356
홈페이지 www.litopia21.com 전자우편 litopia@hanmail.net

ISBN-978-89-6412-012-5 03810

값 9,000원

하두자 시집

불안에게 들키다

자서

빽빽하게 들어찬 여름날의 푸른 숲에서
때론 쏟아지는 폭우
아득히 사라지고 싶은 날
세찬 빗줄기가 몸을 내려친다.
빗줄기가 닿을 때마다 대지가 불러오는
아주 위험한 사랑
나를 따라오는 빗줄기와 함께
여전히 수상한 구름과 빗발
무엇을 삼키려고 서성대는 것일까
무거워진 삶, 한 번쯤 널어 말리며
마음 다독이는 저 푸른 잎새들
이렇듯 한 겹만 걷어내도

땡볕,
마지막 더위였으면……

2010년 여름
하두자

차례

제1부 따뜻한 감옥

제2부 미안해, 사랑해

제3부 야간비행

제4부 낙타일기

| 제1부 |

따뜻한 감옥

정직하다 나는, 사소한 운명에도

우리는 눈을 감은 채 비밀을 말하지. 나는 부정적으로 말하지는 않아. 그렇다고 누구에게나 긍정적이진 않지만 찾았니? 책갈피 속에 숨은 엽서 말이야. 녹색 자전거를 타는 여름이 오면 기억을 바퀴에 달아줄 거야. 당신은 나의 균형이 부서지는 걸 바라보면서 웃고 있어. 나는 핸들을 잡은 척하며 칼날을 다듬지. 나는 당신의 혈액형 따윈 궁금하지 않아. 내 등에 걸려 있는 거울을 보며 은밀하게 포장하지만, 당신을 비추는 CCTV 나 몰래 근사한 표정이라고 낄낄거릴지 모르지만, 당신에 대한 그 부정문은 사라지지 않고 있거든. 옆구리 지퍼를 열어 봐. 호리병 속으로 일그러진 당신이 타오르네. 나는 관리하지. 정직한 비밀과 함께 정체를 드러내지 않은 소문에 대해. 사슴목처럼 우아하게 버튼을 누르며 목을 세워야 하거든. 아직 두 눈을 감고 있어. 부탁이야, 제발

터치터치, 아이섀도우

눈발이 팔랑이고 넌 울상이다 자, 이제 너의 눈꼬리를 지워갈 예정이야

하늘을 가릴 우산 따윈 필요 없어 내가 그렸던 붓으로 기억하지 일기를 써 봐

거울에 끼어 있는 먼지를 재워줄 게

너는 젤리처럼 달콤하거나 말랑거리진 않아 네 안에 색색 욕망들이 오글거리고 있어 더 요염해질 거야 각도에 따라 변하는 너의 얼굴빛, 능란한 내 붓 터치는

충분히 망가졌고, 내가 빛나게 해 줄 거야 네 기다란 속눈썹 내가 붙여줄 게

필라멘트가 반짝이던 날을 기억하지 사랑이라면 아마도 사랑이라면, 그렇게

눈이 쌓이고 세찬 눈발 날려도 내가 그린 눈발들이 물결

치고 봉긋한 입술을 포개어, 붉은 점 하나 찍을까 한 때 종달새처럼 높이 마지막으로 날아볼까 아니, 잿빛으로 얼룩진 거울을 닦아줄 게

넌 그냥 살짝 웃음만 흘려 가슴만 내어주던 하늘 선반까지 입김이라도 불어서 녹여 봐 잃어버린 너의 표정을 꺼내 봐 눈꺼풀을 칠하고 플러그를 뽑아내고 싶어 사방에 빛을 흩뿌리는 어둠에 대해

혹,

내 생리혈을 돌려주세요
열 달이 지나도 문을 열지 않은 내 아기
실핏줄 내비치는 탯줄에 감겨
붉게 물든 구름을 푹푹 떠먹으며
알을 낳고 싶었어요 혹,
질식할지도 몰라요

혹 달린 낙타 한 마리 꿀꺽 삼킨 건 아니겠죠

몸을 웅크렸다 펴 봐요
잔뜩 뿔이 난 아기가 등을 돌려요
코를 킁킁거리면서
콕콕 쪼아낸 우유팩을 젖꼭지에다 뿌려요
혹,

수요일의 마우스를 쥐어 볼까요

옹알이 몇 마디 적혀 있는 모니터
아무도 몰래 종이를 먹어요
목이 마르다고 파먹네요
눈곱도 떼지 않은
영양 캡슐까지 먹는 건 아니겠죠, 혹

밤하늘 달이 만삭이 되었어요
쭈욱 부풀어 오른 달이
쭈글쭈글 엄마를 따라가고 있네요
꽃씨를 앉힌 내 자궁
노란 부리를 내 밀어요
녹슨 젖꼭지에 눌러 붙은
말의 아가미들

혹,
내가 당신을 낳았던가요

이미지즘

칼날을 살 속으로 밀어 넣는다
뼈와 뼈 사이
헐겁게 떠돌던 이모티콘
책갈피를 넘기다가
벼랑 끝으로 밀어낸다

화면 위에 등뼈를 올려놓고
아이콘을 가지런히 놓는다
1.5 시력 빛으로 달려오는
이모티콘

시퍼렇게 살아 어둠에
반짝이는 문장들 빛을 꿰어
칼날을 접는다 클릭 할 수 없는
아주 오랜
빽빽한 이미지들

잠시 홍역처럼 잊혀진
문장들이 컴퓨터 가득 흐른다
책갈피 사이사이를
훔. 치. 고. 싶. 다

버터플라이

나는 두렵습니다.
내 팔을 꺼내 줄래요
손목을 잡아채자 별들이 노란 즙을 짜고 있어요

말라붙어 있는 달콤하지만도 않았던 입맛들
풀썩풀썩 안개 저 편
다 잊어버렸어요 증발해 버렸어요

해일이 커다란 벽처럼 걸어오고 있어요
눈시울 적신 수평선이 뒤따라 오네요
찻잔에 오래오래 커피가 고여 있으니까요
별처럼 흩어진 설탕가루를 뿌려주세요
주름진 어깨를 펴주세요
반짝이는 물비늘을 달아 주고 싶었어요
깃발을 뽑아주세요

웅크린 파도가 입술을 벌리네요
밥알처럼 미끄덩거리던
내 노래 가져가도 좋아요
팔다리를 빨아당기며 날아가는
버터플라이
잡힌 것도 모르고 자꾸만 달아나는
버터플라이
당신과 내가 익사한 문 쪽으로
몸을 뒤집고
다시 뛰어내려 봐요

아침엔 창문을 열지 마세요

Jadoo 풀타임 세일

골라, 골라, 골라
우리 사장님 주머니가 바닥이 났대요
파릇이 돋아나는 힘줄 40그램

나를 세일합니다
넘쳐도 버릴 생각이 없는 잡념 300그램
맘만 먹으면 일 년에 새끼도 쑴뿍 낳을 수 있는
알집도 덤으로 드릴 게요
골라, 골라, 골라

별 흥미 없다구요 랩에
말아놓은 내 영혼의 무게도 풀어 볼까요
가끔은 달아오른 내 부끄럼, 아니
시도 때도 없이 물컹 하는 뼈마디 한 근은 어때요
뭉게구름 휘휘 불며 나를 세일합니다
손가락 사이로 넘쳐나는 햇살

리본으로 묶어 놓았어요
붉은 감성은 책임지지 않아요
짜릿짜릿 바람이 통하는
매콤새콤 사랑 500그램
밍크코트에 매달린 애인도 처분해요
앵두 냄새 어린 나도 처분하냐구요

날숨은 배꼽 아래 포장해 두었죠
꽃무늬 프린트로 내 얼굴을
둘둘 말고 계시네요 사장님은
골라, 골라, 골라
지금은 하오 3시 59분
앗싸~
Jadoo, 풀타임 세일 코너입니다

봄날, 조팝나무처럼

—소현에게

울지 마라, 아가야
수만 개의 방울이 달린 카펫이 너를 태우고 갈 거야
집 나간 고양이는 돌아오지 않는단다
공원의 아이들이 시소를 타고
함께 바라보는 마을에서 아니, 외출 중일지도 몰라
빨개진 볼이 계단을 쿵쾅거리는구나
초콜릿을 먹으며 풍선을 불어줄 게 동화책을 읽어줄까
곤히 잠든 네 곁에 코끼리 아저씨가 서 있네
해바라기도 웃고 있어 가끔은
비가 오기도 하겠지
노란 우산과 빨간 장화를 신고
기차를 타고 떠나는구나
스카이콩콩을 타며 뛰어오는
네 날개 속으로 너의 깃털이 날아왔어 그때,
난 사랑이라는 말에 중독이 되어 있었지

블라인드 사이 햇살 스며드는 작은 방
밥물은 보골보골 잘도 끓어 주었지

드레스가 하얀 말들을 하늘에다 풀어놓네 조팝나무처럼
꽃잎들, 나부끼는 창가에서
애드벌룬이 되어 날아가고 있네
환해지는, 왈칵 목이 메는 봄날에 햇살 한 줌 없어도
아가야, 너 떨고 있니?
괜찮아 괜찮아
눈부시게, 두려움 없이, 당당하게, 내딛어도 좋겠지
네 곁엔 또 다른 네가 있잖아

알혼 섬, 자작나무에게

자작나무 숲을 보고 있었지
비가 왔으면 강을 따라 떠났을 거야
요가를 하러 갔을지도 몰라

"어디 가고 싶다고 했지?"
"바이칼?"
"응?"
"백야, 아니 알혼 섬"

그녀는 한 겨울에 새로 산 밍크코트를 따분해 하고 나는 퍼렇게 얼어붙은 바이칼이 아닌 홍해를 그리워하며 손가락에 빨간 매니큐어를 콕콕 찍어대고 있었다 아니, 악마는 프라다를 입는다는 뉴욕에 가는 것이 더 행복한 여행이 될 거라 생각했다

"알혼 섬에는 왜?"

"오로라가 있잖아"

"비가 오지 않잖아요?"

"별이 쏟아져 내렸던가?"

"옛날엔 자작나무, 아니 비를 좋아했어"

나는 바이칼을 기억하는 그와 비가 오지 않는다고 툴툴거리는 그녀를 두고 나왔다 골목은

눅눅하고 쓸쓸했다 위궤양 때문에 에스프레소 향기만 맡으며 악마는 정말 프라다를 입었을까, 생각했다

예스터데이

오르간 건반을 눌렀던가
긴 머리 찰랑이는 말랑말랑한 머리핀으로
너는 다섯 개의 줄을 튕기고
손톱이 자라는 악보가 춤을 추었지

부풀린 SP판에서 비틀즈가 흘러나왔어
삐걱이는 음악당 계단에서
음표들이 돌아다니고 있었지
담배 연기를 날려 보냈던가
화음들이 노을처럼 번지고 있었어

나는 지붕 꼭대기에서
구름 페달을 밟고 다녔어
너는 짧게 반음을 올리고 있었지
난 너를 기억에 방에다 가두어 버렸지

우리가 함께 노래를 불렀던가
장미를 몰래 키웠던가
가시가 너를 깊이 찔러버렸어
나는 빨간 피아노를 갖고 싶었어
낡음 악보는 그 바다에서 펄럭이고 있을까
검은 오선지 위를 걸어가는 여자를 보았지

푸스스 떨어지는 웃음을 읽었던가
아니, 말없이 맥주를 마셨던가

나는 삐걱이는 계단에 앉아
기타 줄을 뜯는 소리를 삼키고 있었지
아니, 집어던진 한 다발의 장미를 바라보았던가
너와 어둠 사이에서
커피를 마시고 있었지
붉은 바다가 물속에서 걸어 나오고 있었지

내 입 속의 꼬리지느러미

내 입에 물고기가 물렸다
몸을 따라 흘러 다니는
지느러미 없는 물고기들

부풀어진 수족관 안에서
내 집을 삼키고
내 길도 삼키고
쓰나미 같이 꼬리를 감추었다

토막들이 오독오독 씹힌다
하루가 홀쭉해진
명치 끝

마침표를 찍지 못한 부끄러운 문장들이
버튼을 누르자
꼬리를 좌우로 흔들며

사라졌다

지느러미는 끝내 달아주지 못했다

갈비뼈에 드러난 부정문

그래도
당신, 내비를 깜박이며 즐거워할 거야
사라진 소문에 매달리지만
은빛 총알 한 방에 날릴 수도 있어요
프로펠러를 돌려
길 밖의 곡선과 길 안의 곡선을 찍어야 하는데요
당신의 칩은 너무나 사소해서
회전하다 갑자기 경로를 바꾸는데서 문제를 일으켜요
주소를 옮기지 못한 내 이력서
누군가의 지문이 한 생을 끌고 가요
햇빛의 각도의 따라 내게 건너온 당신은 사소한 우연일 뿐
완벽하게 출입구를 폐쇄할 수도 있죠
당신의 칩은 재빠르게 속도를 내며
나의 갈비뼈를 통과하지만
나의 과거를 읽어낼 수는 없을 거예요
나를 결박해도

모래알처럼 흩어지는 햇살
더 이상 궁금해 하지 말아요
어둠 속 발광하는 신종플루가
당신의 칩을 쪽쪽 빨아먹을지도 몰라요

미스 코리아 불한증막

소나무 장작불과 송이버섯 같은
알몸 방
엉덩이를 떠받치고 있는 맥반석 방과
짜릿한 게임방,
그래
기둥서방인 소금기둥방과

불경스러운 자수정방
붉은 침묵의 황토방과
바람 맑은 오라테리피 산소방과
그래, 그래
뱃가죽이 시커먼 껄덕방

붉은 혓바닥이 널름거리는 모임방과
한 다발의 이빨이 주르르
묶여 있는 틀니방

그래, 그래, 그래
허브 스킨케어, 헤어 매직, 헤어 아트

까망 탈모 관리

그래, 그래

미스코리아만 양성하는 미인학교

서울엔 불한증막만 있다

황사, 비명으로 나부끼는

바닥을 밀며 발이 빠져나간 구두 한 짝,
딸려가는 이마트 편의점 어깨 너머
보이는 겨울 황사
평면으로 긴 띠를 두르면 둥둥 떠가는
겨울에서 봄까지

떠 놓은 쌀뜨물처럼 머물던 자리에서만 맴도는 것일까
두 귀를 잔뜩 치켜세우고 숨어 비밀 듣고 있지?

서서히 늪에 잠기는 우리의 사생활
어디선가 구겨지는 종이비행기로 날려 줘
거리에서 큰 발자국 소리를 내며 활보하는
내게 가능한 그 거리 말이야

한 번쯤 튀어올랐다
정확히 제자리로 돌아오는 착지점 잊어버릴 수도 있지

내일, 그 다음날도 천천히 황사 속으로 스며들겠네

당신은 왜 감옥에 갇혀 있을까
수많은 발자국들은 왜 허공을 날아다닐까
모래귀를 밟고 지나간 당신
언제 나를 찾아줄 수 있나요?

피라미드의 방 · 1

한 때는 건반 위를 뛰어다녔어 간질거리는 봄날처럼, 구르다 멈춘 자리에서 노래는 시작 되었을 거야 꽃 한 송이 피울 것 같은 손바닥을 살살 긁어도 보았지 뜨거워진 높은음자리표가 튀어올랐다 미끄러졌어 긴 겨울이 음계를 끌고 아우성쳤거든 쏟아지는 소리들이 내 방을 두들겼어 몸속은 헤엄쳐 다니는 음표들로 그득했어 하수구로 빨려나가는 나의 달팽이관, 습격당한 소문들만 들락거리고 있었어 내 귀는 물소리로 찰랑거릴 거라 생각했지만 나는 거기 없었지 내가 사라지고 있었거든

오후가 되면 그림자는 나를 끌고 어둠의 빗장을 닫는다 그림자는 비명처럼 또렷한 등 햇살을 즐긴다 몇 개의 풍경이 인화된다 나는 어둠속을 걸어 나온다 빛들이 덜컹거린다 뒤따라오던 하루는 몸을 삼키고 젖은 발을 말리던 계단 밑으로 그림자가 달라붙는다 언제나 마주하는 그림자는 보도블록을 밟고 또박또박 건너간다 태양을 등진

미라가 될 때까지 끝내 나를 놓지 않는다 닥지닥지 붙어 있는 방을 열면 벽을 타고 흘러내리는 생, 한 번쯤 순서를 바꾸어도 좋지 않을까

피라미드의 방 · 2

수신한다 노란 태양을 삼키는 자귀나무 바람을, 오아시스에서 미라가 된 뼈들 울음소리를 들으며 나를 수신한다 코를 킁킁대며 뿌리 내릴 곳을 찾아 몸속 회오리치며 지상에서 펄럭이던 낡은 깃발, 모래무덤을 열고 알 수 없는 문자를 수신한다 거꾸로 매달린 낙타와 코끼리 떼가 몰려가는 사막의 밤 모래시계는 뒤집히고 뜨겁던 눈물은 증발한다 흘러내린 모래가 바람을 배설한다 하루가 쏟아진다 고도를 낮춘 구름을 전갈이 수신한다 너를 기다린다고 끝내 돌아오지 못한 나는 나를 수신한다 전갈은 우울하고도 교교한 사막의 골짜기를 향해 눈알을 굴린다 사막의 식탁에서 너무나 천연덕스레 잘 먹는 나를 수신한다

| 제2부 |

미안해, 사랑해

고요한 밤, 거룩한 밤

촛불 하나씩 물고 물고기들, 수입쇠고기 반대 릴레이 집회가 열리고 배고픈 상어는 물고기 떼들을 기다리고 어류학자는 몰려다니는 습성이 있다고 떠들고 물보라를 일으키며 거듭되는 투망질에 물고기 몇 마리 걸려들어 힘없이 파닥이고 캠코더와 디카들이 달려들어 살점을 벗기고 피땀으로 얼룩진 서울이 깜박이고 불꽃들은 별꽃으로 번뜩이고 몰살한 햇살 잔광이 끌려가고 어지러운 발자국들 경찰과 전경들을 에워싸고 인파 사이로 한낮 파문이 지고 나이테가 그냥 무너져 내리고 우루루 몰려가는 붉은 깃발, 가슴을 칭칭 감고 올라가는 담쟁이 사방으로 뜯겨져 내리고 아기의 해맑은 잠이 흐르는 분홍빛 유모차, 조바심하는 엄마의 마음도 모른 채 잠이 들고 함성들 펄럭이는 거리에서 나는 신호등 앞에 우두커니 서서 말을 닫은 얼굴들과 부딪치고 촛불처럼 흔들리는 당신과 함께 우리의 거룩한 죄가 무엇이지? 어둠 속에서 묻고 있네

에스트로겐

크리스탈 구두를 신고 물구나무 서고 싶었어요
꽃잎을 뿌리며 떠다니고 싶었어요
피부미인이 되어
드레스를 입고 왈츠를 추고 싶었어요

푸른곰팡이가 달라붙는 방
인어가 되려고 눈썹나라로 가는 길
쌩얼과 S라인 꿈이
푸른 침대에서 은비늘을 날려요

에스트로겐 방
명상음악에 맞춰 물개가 되어 명상을 해요
온 바다가 출렁이며 부풀어 오르네요
붉은 모래가 쏟아지고 펄럭이는 흰 셔츠
군더더기 없는 바디라인이 깔깔대며 손가락질 해요

내일은 뜨거운 여름 한낮
부푼 비누구름을 타고 미끄러지는 땀
리듬을 맞추세요
헐겁거나 조이는 바지를 수선하는 문장처럼
허리가 꺾여 있어요
언뜻언뜻 서러운 뼈들을 지탱하고 서 있는
에스트로겐 방

꽃잎을 뿌리며 왈츠를 추고 싶었어요
크리스털 구두를 신고

욕지도*

늑대 혓바닥같이 늘어진 섬을 떠올렸네 툭툭 끊어지는 수평선에 밑줄을 긋고 연필로 덧칠 했던 기억을 생각하네 (물끄러미 쳐다보기만 하는 당신, 바람이 불고 나는 잠들어 있었구요 당신의 속삭임이 창밖 플래카드에서 혼자 펄럭이고 있던가요?) 파도에 떠밀려 천 리 만 리 날아갔던 말들, 지적이다, 지적욕구다, 열망이다, 욕심이다 욕지도의 뜻말을 웅얼거리며 난 웅크린 한 마리 짐승 욕지도를 쓰다듬고 있었네 섬을 떠난 남자가 길 위의 여자를 업고 어디론가 흘러들 것 같은 욕지도 지루한 이야기와 지적인 이야기와 음습한 이야기 틈새, 애써 유쾌한 척 무심한 척 인칭을 서로 바꿔 불러보기도 했지 섬과 섬 사이 꽃은 피고 벽 속에 갇힌 가파른 절벽은 프로펠러가 되기도 했던가 내가 욕, 이라고 입을 벌리면 대답 대신 입천장에 박힌 잔 이빨들이 제기럴, 지랄, 미친, 젠장 등등의 욕들을 바닥에 홍건히 뿌려주기도 했네 모든 길은 바다가 아닌 어둠 속으로 길을 낸다고 누군가가 말했던가 또 누군가가

안경을 벗어두고 쉴 새 없이 두 눈알만 굴리고

* 욕지도 : 통영항에서 뱃길로 32km 거리의 남해 쪽으로 위치한 섬. 해안이 푸른 숲으로 덮여 있고, 기암절벽과 갯바위, 점점이 떠 있는 작은 섬들과 함께 해안 풍경이 아름다운 섬.

던져 봐, 럼주 초콜릿

달콤한 악마가 내 안으로 들어온다

고양이 발자국처럼
금 가지 않은 말랑말랑한 사랑
사뿐사뿐 커튼자락 밑으로 미끄러지며
스며드는 재즈 아니,
사무치는 아리랑처럼

침샘은 마르지 않았고
거품처럼 녹아내리는 밸런타인데이
립스틱을 바르고 빨간 하이힐을 신었지
리본을 뜯는 순간
녹아내리는
달콤한 눈물이 매달린 초콜릿 대롱대롱

촛불을 켠 11시

벨벳 같은 어둠을 뜯는 순간
나는 내 안에 너는 내 안에
부드러운 입술과 달콤한 은유를 핥고 있는
마법의 세레나데 럼주 초콜릿

달콤한 악마가 내 속으로 흘러드네

미안해, 사랑해

그렇게 날 노려보지 마 점잔을 빼면서 꼿꼿한 등뼈를 위해 먹어치운, 나는 모르는데 나를 알고 있는 얼굴들이 비명을 질러대지 구멍 뚫린 뼈들을 위해 시침을 떼며 먹어치운 고양이 입마다 물고 있는 하얀 뼈들이 내 붉은 흙터를 들쑤시고 있어

울어 고양이가 울어 미친 듯 울어 노려보며 울어

쓰레기통을 뒤집어쓰고 심장마비로 죽은 고양이 지하실 쥐약 먹은 고양이 복병처럼 숨어서 내 뒤통수를 휘갈기다 머리통이 박살난 고양이가 내가 죽인 아니, 내 아버지를 먹어치운 고양이들이 팽팽하게 울음주머니를 부풀리며 발톱을 톱날같이 세우고 있어

도로에 널브러진 고양이 빠져 나온 눈알들이 나를 노려봐 내 등뼈를 지탱하던 아버지의 뼈 나를 걷게 하던 어머

니의 뼈 내 입속으로 들어와 몸속으로 퍼져나간 공명의 울음들 내 속에 우글우글,

몰라 저 고양이들
모르는 놈들이야 난 등뼈를 꼿꼿이 세우고
침을 퉤퉤 뱉었을 뿐이야

다시 13월, 그가 있었네

내 몸속의 물길은 종종 어두운 강이다 가을이 빠져나간 등뼈 사이로 에스트로겐을 먹는다 한 여자가 빠져나온다 토막 난 13월은 비냄새를 뿌리며 절뚝이기도 했지 별똥별은 떨어져 13월의 유리창을 통과하고 공중에 걸린 수면양말은 잠을 뿌리기도 했을 거야

13월이 고여 있는 수족관에서 네가 보낸 핫메일이 형용사로 떠돌아다니고 있었지? 오랜 기다림이 더 단단함을 키운다고? 가끔은 절정으로 차오를 때도 있었지 바람을 잔뜩 먹은 가을강은 내 깊숙한 물길 따라 뼛속을 흘러가고 있었어

빛이 없나 봐 연속으로 셔터를 눌러 봐 커튼 자락에 찍혀 있는 상처 줌렌즈로 풀었다 당겼다 해 봐 닦을수록 붉게 번지는 통증, 상처에 뿌려지는 소금 같은 기억들 아프면 그냥 떠나가도 좋아

흔들리는 문장과 낡은 시집과 구부러진 볼펜은 땀으로 흘러내려 13월의 모니터에 또 하루를 지워가는 나는 다시 태어나는 나이기도 했지

나보다도 더 빨리 뻥 뚫린 내 몸, 13월의 고여 있는 수족관에는 잡히지 않는 주파수가 들끓고 네가 보고 싶다는 말은 꼬리지느러미를 흔들며 사라져 가고 있었어 부드러운 혀로 말랑말랑한 공기를 부풀리고 있었지 도톰하게 만져지는 말들은 이젠 기억하지 못해도 괜찮아

굿바이 안녕하세요

설레임으로 들어갔지요
와인 마을 보르도에
프로방스와 친구하고 싶었죠
포도알갱이에 올려진 이름들
드라이, 스위트, 토카이 등
알고 싶었어요
그 달콤하고 새콤한 이름들

라이트바다 씨
낯선 그대가 휘파람을 부네요
미디엄바디 씨
달콤하고 가볍게 떠다니고 싶었어요
폴바디바디 씨
향기에 취해서 왈츠를 추고 싶었죠
흔들리다 돌아선 내 꿈에서
재잘거리는 포도방울 눈물도 마시구요

마법이 풀렸나요
이빨 소리를 내지 마세요
잔 높이 들지도 말구요
향기가 노을처럼 쏟아지네요
입술자국은 남기지 않겠죠
뜨거운 혀 속으로 얼음을 넣지 마세요
안개가 미열처럼 온몸으로 스며요

맨드라미 붉게 부풀어 오르는 와인 마을
물갈퀴가 달린 손을 내밀어도 좋아요
천천히 목구멍으로 넘어오는 붉은 혓바닥
그대 비누방울처럼 잔을 높이 띄우고
쉘 위 댄스?

거울놀이

비늘을 툭툭 털어내면서 달려 왔다고 했어 흩뿌린 가시를 밟으며 달려간다고도 했지 스치듯 기억할 수 없는 얼굴이어서 눈인사도 나누지 못한다고 했던가

당신은 당신의 절반을 향해 계단을 올라가고 나는 나의 절반을 키보드만 두드리고 있어 백미러 속으로 이정표가 자꾸 사라지고 탁자 위의 제라늄은 한 눈금씩 말라가고 있지 당신은 벗어놓은 내 어깨를 지나 흘러내린 창틈으로 사라졌어

이리 떼가 마차를 끌고 가는 밤
유리창에 반사된 가면 속으로
당신의 심장이 툭툭 끊어지네요
축축한 가면에 숨겨진 열 개의 거짓말
흘러드는 그림자는 누구의 얼굴인가요
한 장씩 열어 보고 싶어요

손목시계는 오래된 관객을 끌고 테이블로 사라지고 있구요

몇 개의 가면이 스펙트럼처럼 겹쳐지고 있네요

불안에게 들키다

사이프러스 나무의 허리 형광 빛 네온사인 목을 끌어안았네

가장 먼 손끝에서 가장 가까운 가슴으로
카페라테향이 흘러내리는 밤
네 손 끝에 흔들리는 밤
내 눈물이 보이지 않는 밤

가만히 누워 있어도 쏟아지는 그 붉은 모래가
캄캄한 벽을 타고 내리는 밤
장미꽃 무늬가 넝쿨손을 뻗으며 하늘로 건너갔지

불현듯 이마에 스치듯 두 개의 입술
조각별로 부서지고 있다네
철 지난 달력과 사소한 시집이
폭풍으로 별들이 아우성치고 있다네

너의 뒷모습을 감추기 위해
내 가슴을 불태워버리기 위해
가물가물 한 줄기 연기로 흩어지고 있다네

푸른 수염

마감뉴스를 듣고 밤하늘을 바라보네
아이들은 자욱한 안개를 물고
횡단보도를 건너가고 있네
꿈이 부풀다 굽어진 손가락
포물선을 그리며 떨어지는 담배꽁초

서류뭉치 속에서 빨간 눈이 보이네
뾰족한 이빨로 단단한 벽을 뚫고
귀를 세우고
노래도 나직이 부르네

토씨 귀는 당나귀 귀가 되어 펄럭거리고
그들은 부재중이거나 결번이었네

구두 뒤축에서 닳고 있는 시간들이
하수구로 빨려나간 시간들이

허공을 발 빠르게 건너가고 있었네
막다른 골목으로 내몰리고 있었네

신문을 보네
TV를 보네

꺼졌다 켜졌다

신문을 보네
TV를 보네

니콘 D3 DSLR 1210*

그는 그림자를 찍는다
나는 찍혀지지 않는 것들을 바라본다
찍혀진 작은 발자국은 비릿한 풀밭을 비비며 눕기도
하고
그를 기다리며 졸기도 했다

여기저기 몸을 툭툭 터트리며 허공을 들쑤시고 다니다
햇살 속으로 자박자박 걸어 들어갔다 그가 힐끗 훔쳐보
았을 때
자동차 뒷바퀴에서 집까지 따라 온 발자국에서 헐떡이
는 소리가 들린다

두통처럼 발자국에 눌러 붙은 그림자가
유리창에 이마를 뭉갰다 푸른빛이 되어 어디론가 흩어
졌다

나는 나의 그림자를 찍는다
그는 찍혀지지 않는 것들을 바라본다

* 니콘 카메라 이름.

사이버 모텔, 혹은 에니텔

k는 마우스를 클릭하고 있었어
핸들을 꺾으며 모니터 속으로 넘나들었어
아이디가 살구꽃을 부글부글 피워 놓았지
비릿한 물관이
사이버 호텔을 출렁거리고
2002 한글 파일 방
낡은 침대가 삐걱거리면
엉겨붙은 메일들은
숨 가쁜 혓바닥에 클릭! 클릭!
뱉어내고 있었어
빨려들고 있었어

다시, 올까요, 우리, 떠났다, 우리, 떠났다, 다시, 올까요

빨려들고 있었어
뱉어내고 있었어

숨 가쁜 혓바닥에 클릭! 클릭!
엉겨 붙은 메일들
낡은 침대가 삐걱거리면
2002 한글 파일 방
사이버 호텔을 출렁거리고
비릿한 물관이
아이디가 살구꽃을 부글부글 피어 놓았지
핸들을 꺾으며 모니터 속으로 넘나들었어
k는 마우스를 클릭하고 있었어

저기, 고래가

한 남자가 있었네 저녁마다
샤프린 샴푸로 손수건을 빠는 남자
블라인드 쳐진 그의 방에선 바다 냄새가 났었지
토스트가 튀어 오르고 향 좋은 자메이카 커피는
자맥질하는 아가미 속으로 스며들기도 했지
제 살처럼 따뜻한 물이
허파꽈리처럼 부풀기도 했었네
등비늘이 블라인드 사이에서 반짝거리고
달그락 달그락 어깨를 부딪치는
피곤이 늑골 사이로 차오를 때
잘려나간 그의 꼬리가 툭툭 문 밖으로 뛰어나갔지
한 시절 아다지오는 조금씩 물살로 미끄러지고 있었지
비릿한 다리 위에서
그 남자 떠나고 있었네
검푸른 물을 게워내고
수초를 게워내고

젖은 발바닥이 방 안을 헤엄치고 있었네
아니, 다시 바다로 돌아오고 있었네

저기, 고래가

길 위의 여자

사람들이 지나간 발자국에 길들이 가득 고여 있다 아무도 알지 못하는 길도 길을 기다리고 있는 걸까 제자리에서 제 몸을 굴려 더 넓게 탄탄하게 만들기 위해 발자국이 많이 패인 쪽으로 마음을 불러 모아 길은 길을 흔들며 꽉 잡아 펼쳐놓기도 하면서 가다가 문득 사방의 길이 사라지고 자동차가 경적을 울리며 사라진 GS 25시를 빠져나가는 레몬등 불빛이 한 번씩 흔들리는 핸드폰이 짧게 두 번 울리는 사이 막다른 골목 어귀에서 하얗게 웃고 서 있는 당신

누. 구. 세. 요?

스트레스 명상법

가끔은 너를 해장국에다 말아 먹을까
내 광기 번뜩일 때 국물도 함께

허겁지겁 허기가 돌 때
뼈 사이사이 들어 있는 살점까지 파내며
맛있게 떠먹어 볼까

적막이 물컹거리는 내 영혼의 블랙홀
벌겋게 물든 골수도 파내어 봐야지
꿈틀거리는 저, 눈알
가슴에 엉켜 있는 너를 곰삶아
자작하게 졸인 국물에다
시뻘건 총각무까지 얹어서 말이지

말초신경 하나쯤 덜컹거려도
괜찮아
자, 덤빌 테면 덤벼 보시지

노마드* 정거장

기찻길 따라 구름다리를 만드는 바퀴가 부산과 서울을 흘러내리네요 표지판도 없는 정거장 지붕을 덮은 단풍이 꿈틀거리는 기찻길을 자르고 있어요 그림자가 피사체로 남아 지는 가을도 아마 찍혔겠지요 안전벨트도 없는 간이 의자에 스카프를 날리며 소녀들이 말발굽 수다를 떨며 뛰어다녀요 그 말안장 위에 앉으면 낯익은 청룡열차 정거장이 나오는데요 놀이공원이 둥근 술잔의 바다를 꺼내주는데요 달려가는 등 뒤로 덧대지던 기차소리는요 발자국에 붙은 그리움인가 봐요 껌딱지 떼어내듯 떼어버려야 할까요? 누군가 또박또박 걸어 나간 자리 한 무리의 부러진 길들이 여우의 꼬리로 휘어지네요 캄캄한 밤은 어둑해진 손목시계를 비켜가며 내려오는데요 너무 멀리 떨어지던 별들을 지나 마지막 문밖을 서성이던 새벽을 지나

지금, 우린 어디로 가고 있어요?

* 노마드 : 바람처럼 달리다 적당한 곳에 머물며 느린 시간에 발 담구고 다시 바람 따라 흘러가는 유목민의 이동통로.

| 제3부 |

야간비행

옥시토신

나는 그녀의 달콤함을 먹어야 하네 동전이 필요해 나는 꽈리처럼 부푼 그녀 앞에 앉아 목질이 혓바닥 같은 초콜릿이 되기 위해 무심한 척 룰렛을 돌리고 있었어 사랑의 묘약을 찾아가는 머신 앞에 얼굴을 파묻어 보았지 그 순간, 포옹의 물질이 혈청처럼 파고드는 풀뿌리를 발견했어 나는 많은 동전을 갖고 싶어 창문에 거꾸로 매달린 룰렛을 돌려야 해 하늘에 핀 곰팡이꽃을 생각했어 헛제사밥이 생각나는 허기진 날들이네 빨간 눈을 비비며 눈물을 자꾸 받아먹네 동전이 쏟아지고 내가 쏟아지고 아이디가 생각나지 않은 나를 전송하네 바이오리듬을 타고 찌르르 흔들어 깨우는 동전이 필요해 나는 그녀와 함께 붉은 카펫을 밟아야 해

레드 카펫

아트센터에는 발길들이 빠르게 흘러가네

젖은 가면을 쓰고 귀를 펄럭이며
가끔은 속살을 만지며 귓바퀴가 입을 열기도 하네

때론 나도 저렇듯 나풀나풀 날아봤으면

저녁 성찬의 눈부신 아리아
풀어진 구름이 지붕으로 빨려들기도 하네

푸른 레이스자락, 우아하게 세운 등
여자들은 저녁의 물뱀처럼
기품 있는 객석과 객석 사이에서
가늘고 긴 손톱으로 슬쩍, 손거울을 훔치기도 한다네

붉은 립스틱 때문일까

때 아닌 비명에 머릴 조아리며 기립박수를 치네
아무것도 알 수가 없었어
조명이 바뀌는 발코니
나비 귀걸이가 앙콜! 앙콜! 이라고 팔랑거리네

세상에서 가장 아름다운 거짓말이라도 좋다고
가만 가만 살랑거리며 부채를 펄럭이네
마크 로스코 가면도 벗어버리고 감격한 척하네

날개가 부러진 조명은 발목까지 휘감겨
우린, 푸른 하늘에 매달린 신호등을 끌며
뒹굴며, 잘 구워진 예의를 받았다고 생각했네

붉은 벽돌과 잔디밭*

담벼락에 걸친 감나무가 하얀 꽃을 버리며
파란 하늘을 한 뼘씩 넓혀가고 있다

강아지는 엎질러진 밥통을 옆에 두고
감나무 왼쪽 허리를 향해서 열심히 뛰어 오른다

빽빽한 잔디밭에서는 제비꽃 한 송이
키를 낮추며 뿌리를 땅속 깊게 내리며 엎드려 있고

잔디 깎는 남자의 젖은 어깨가
뜰 안으로 햇살을 조금씩 조금씩 옮기고 있다

지붕 아래 붉게 빛나는 벽돌은 쫘악 깔린 잔디를 밟고
몸 안에 숨겨놓은 균열을 고요한 뜰에다 말리고 있다

* 오규원 시집을 읽다가.

낮달이 있는 밀밭길*

한 사내가 길을 떠나보내고 있었다

몇 점 흰 구름을 뱉어내고 있었다

밀밭 속에서 파닥이는 새소리를 듣고 있었다

노란 햇살을 당기고 있었다

구부정하게 검은 우산을 들고 있었다

황톳길 먼지를 바짓단에 말아 올리고 있었다

햇살이 닦아 놓은 길을 올려다보고 있었다

낮달이 하늘 한 귀퉁이로 사내를 밀어내고 있었다

* 장욱진, 「자화상」, 캔버스에 유채.

수신하다

당신의 입술이 숨어 있는 내 손바닥을 펼쳐보아요
낭떠러지 숲을 지나
왼쪽 옆구리 반점처럼 당신이 숨어 있어요
눈물처럼 흐르고 있어요

어느 날 주유소에서 당신을 보았어요
폭설을 맞으며,
쇼핑몰의 쇼윈도에서 당신을 보았어요
담배에 불을 붙이는 불빛 속에서도 보았어요
불 꺼진 모니터 창 너머
어둠 속에서도 당신을 보았어요

내 손바닥에서 당신의 입술이 꿈틀거려요
당기고 밀치는 숨결이
출렁거려요 당신의 입맞춤에선
시멘트 냄새가 나요

모래사막으로 스며들어요
풀섶 사이로 걸어가는
내 핑크색 핸드폰 속에서

여.
보.
세.
요.

희고 검은 말들이 흐느끼는 비밀계좌

한 남자가 걸어가네요

가을, 쓸쓸한 저쪽

떠나고 싶었네 버스는 농성 중이었네 가을, 가을이었네 그림을 그리고 싶었네 활자들이 고지서가 되어 나를 포박했네 빗방울 적시는 종려나무는 보이지 않았고 불빛들은 막막했었네 비명소리가 들리는 것 같았네 가을, 가을이었네 도마뱀이 돌아다니고 있었네 낡은 원피스 굽 높은 구두가 진공상태로 떠돌아다니고 있었네 가을, 가을이었네 칼날을 들이대도 전송되지 않는 문자들 한 방 펀치로 날리고 싶은 가을, 가을이었네 도달할 수 없는 그 깊은 방 나도 앉고 싶었네 책장에 꽂히고 싶었네 누군가 책갈피를 열면 향기가 날 것이라고 믿고 싶었네 가을, 가을이었네 귤껍질이 마르는 시간 끝없이 바뀌는 풍경들 창문들이 사선을 그으며 뭉텅뭉텅 가을을 잘라내고 있었네 또 가을, 가을이었네

내게 안녕이라 말하려 하네

손금들이 지워지고 있었어

무수한 자물통을 열고 싶었지 판도라 상자 속에 홀로 갇혀야 했어 허물 벗은 길들이 강까지 닿았기 때문인지도 몰라 알 수 없는 이름들이 흘러갔어 내가 사랑한 이름들이었을까 내 주름진 기억들 속에서 말 할 순 없었지 가끔은 엎질러지기도 하면서 스텐 냄비가 하얀 거품을 내뱉는 시간 말간 뼈를 드러내는 순간 약속들이 흘러갔어 비스킷 같은 내 작은 비밀들 분리수거 하듯 차곡차곡 쌓아 놓아야 할까 밤을 뒤척이면서 클로즈업 되는 저 하얀 여백들 어디선가 익숙한 나를 호명하고 있네

오늘, 비는 내리지 않았어

야간비행

거울 속에서 어둠을 묶었네 생쥐 한 마리 커튼을 타고
내려오네 벽이 끌려 올라가네 거울 속에서 어둠이 흘러
나와
온종일 헛배 부른 내 쓴 입으로 들어가네
찌그러진 거울이 긴 복도를 걸어가네
내가 보았던 내 얼굴들이 하나로 겹치면서 얼굴들은
하나씩
생쥐가 되어 줄타기도 하면서 서로 자리도 바꾸네
거울은 나를 뱉어내고 나는 어둠 속으로 자꾸만 빨려
들어가네
거울 속에 나는 보이지 않고 어둠만 가득 고여 있네

회색 줄무늬 남방

햇살을 만지작거리다

줄무늬 남방에 스며든 석양이 밀물진다

남방의 한쪽 어깨가 기울어지는 걸 보면
아직 덜 자란 검은 머리카락이 붙잡혀 있나 보다

소매 깃을 접으면 내 몸을 흘러간 물자국이
등 뒤로 다가와
내 안의 잡풀을 어루만진다

너덜해진 소매깃에 스며드는 비릿한 살내음
조금씩 꺼내 제 몸을 덥히며
저렇게도 환하게 물들 때가 있다니!

내 몸을 촘촘히 박은 줄무늬 남방

오늘 날씨는 어때?

십자가는 붉게 빛나고
집들은 낮게 엎드려 있었어
빗줄기가 구름을 등지고 있는 풍경을 그려보려고 했어
긴 여름이 왔고 나는 조금씩 지쳐가고 있어
맨드라미 사랑 편지를 써 볼까
읽지 못한 시집에게 답장을 써 볼까
먹구름이 몰려다니는 사이
두터운 참나무 잎은 오싹오싹 몸을 떨고 있네
기상 캐스터는 지쳐가는 나에게
바람 냄새가 난다고 하네
오래된 참나무 향기가 사방에서 피어나고 있네
나는 목이 마른데 기상 캐스터는
노란 장화를 신고 하얀 이를 드러내며 웃고 있어
폭죽처럼 터지는 천둥 번개가 비를 쏟아내고 있네
나는 하늘에다 키보드를 두드리고 있었어
얇아진 내 잠 속 늙은 고양이가 담을 넘어가고

기상캐스터는 오늘 당신을 만나라고 속삭이네
봄빛 스카프를 날리며

죤 델리*의 공

내가 샷을 날리고 싶은 공은
타클라마칸에서 부는 돌풍 같은 공
빨간 구름의자에 앉아
낙타를 기다리고 있어요

돌개바람 부는 날 델리는
카지노에 앉아 빌리드 같은 눈썹으로 노래하네요
흘러간 리듬을 들어 봐요
높은음자리표에서 구름의 손바닥을 때리며

해바라기 붉은 오후
하얀 모자를 쓴 그는 신문을 사고요
거침없이 불꽃샷을 휘두르고
나는 종이비행기를 날려요
8월의 뜨거운 바람 아래

불쑥 쳐들어와 휙휙 날아가는

델리의 공
아슬하게 움켜쥔 허공에다
진토닉을 쏟아 붓고
들뜬 얼굴 하나씩 뱉어내고 있네요

내가 날리고 싶은 공은
타클라마칸에서 부는 돌풍 같은 공
눈썹 위에 숨죽이다 하늘을 향해
황홀하게 첨벙,
뛰어 내리는
바람의 공

허공 한줌

* 존 델리 : 기타를 치고 술을 마시며 도박장에서 놀면서 골프인이 지켜야 하는 예의를 무시하며 연습도 하지 않고 체력관리도 하지 않는, 그러면서도 장타를 치는, 영혼과 육체가 자유로운 미국 프로골프 선수.

잠원역

전동차가 길을 열고 있다
숨가쁜 사람들 틈새에서
내 마음만 먼저 보내고
뽕나무 그늘, 잠원역에서
다음 차를 기다리고 있다
맞은 편 벽 거대한 누에가
타일 벽에 그림자처럼 붙어 있다
뽕잎을 갉는 누에 한 마리
사각사각
타일 한 장을 물고 있다
몇 번의 잠을 잤을까
누에들이 풀어놓은 긴 줄 따라
사람들이 줄줄이 나오고 있다
내 옷을 입은 사람들이 제 몸에서
빠져 나가더니 다시 승차하고
전동차 그림자는 제

그림자만 끌고 반복되는 길
위를 맴돌고만 있다

따뜻한 감옥

어떡할까. 거추장스런 휴대폰까지 오븐에 구워 버릴까. 불안한 꼬리를 잘라버리는 것. 아니, 잘라낸 꼬리에 물을 뿌려 이력을 키워 볼까. 방이 필요하거든. 나는 방금 구워 낸 따뜻한 빵처럼 말랑거리는 아니, 가끔은 희망의 낱말들이 필요하거든. 유리창이 툭툭 햇살을 터트리며 빛이 모서리를 둥글게 안아 주고 있네. 누군가의 입이 밥을 퍼먹이고 머리털은 건조대 위에서 발효하고 있어.

몇 번의 헛기침 속 싱싱한 비린내 하나쯤은 숨기고 있을까. 여기까지는 괜찮다고 견딜 만하다고 하지. 너는 혀를 날름대고 있어. 쓰라린 폭설의 감옥에서 소용돌이치는 하얀 눈들이 딱딱 부딪치고 있네. 구겨진 길들은 다락방에 갇혀 울고 있어. 나무 한 그루 없는 나의 창가, 말이 되는 소리 말이 되지 않는 소리로 들끓어. 글쎄, 여기는 아직은 따뜻한 감옥이야.

어머니의 바다

이제야 보았네 나에게 달려오는 바다 신발을 끌며 마중 나가는 나를 보았네 조금씩 기울어지는 수평선을 넘어 어머니의 몸을 건너 상형문자 같은 당신의 구멍 난 뼈들이 방파제에 쓰러져 있었네 햇살이 부실수록 파랗게 드러나는 실핏줄 무릎 휘어진 어머니의 뼈들이 소금밭에 뿌리를 적시며 뼈마디를 드러내는 파도소리 어머니의 바다를 보았네 간밤 해일에 떠밀리는 물살들의 껍데기들 허연 거품을 물고 넘어져 있었네 벌거벗은 알몸으로 소금밭을 털어내는 바다 어머니의 여름 바다에 갔었네

나비 잠

빗소리가 홈통을 타고 흘러내려요
젖은 나비 유리창에 부딪치는 소리 들리네요
빗소리가 잠을 몰고 오는지
속눈썹에 잠이 송글송글 엉켜 있네요
새가 젖은 가지 사이를 날아다니는 소리도 들려요

집과 집 사이
수평선이 걸려 있구요
빗방울과 빗방울 사이 서성대는 물소리
이층 창문까지 타고 올라오네요
내가 버린 말과 내가 뱉은 말들이
방충망에 매달려 물결치며 흘러내리네요

눈꺼풀 밑으로 타닥타닥
결박당한 몸과 푸석한 머리칼까지 씻어내고 있어요
붉은 창 밖에서

젖은 나비들이 날개를 파닥이며
나를 보고 있어요

| 제4부 |

낙타 일기

중독

평생에 단 한 번 온다는 사랑 하나 꿈꾸며 생을 산다는 말의 가면을 벗겨 주어야 하네 매니큐어와 립스틱을 바꾸어 바르며 기다리는 사랑이라는 거 부질없는 뜬구름이라는 것도 얘기해야 하네 바람이 불 때마다 불꽃 속에 드러나는 황홀한 열꽃, 저 불속을 맨발로, 셀렘으로 걸어가는 길, 붙잡아 와야 하네 맹독성의 이빨을 드러내고 히히거리는 바이러스 같은 그를 골방으로 끌고 들어가, 쑤셔넣듯 밀어넣고 꽝꽝 대못을 질러야 하네 틈만 나면 삐져나오려고 문짝을 들썩이는 그, 삐걱거리는 신음소리를 눌러주어야 하네 연거푸 비명을 질러대는 어둠 깊숙이 제자리 찾아가는 블랙홀,

다시, 이층 삼천포횟집에서

벚꽃 분분하게 날리고 있었어

물미역 흐느적이는 날이었을 거야
포구는 봄바람을 내뿜는 사람과
싱싱한 바다 한 접시를 먹고 싶은 사람이 섞여
서로들 오랜만에 얼싸안고
눈물을 찔금거렸어

무릎 해진 어린 날이 펼쳐졌지
한 방에서 이불을 밀고 당길 때
젊은 아버지 어머니가 설핏 스쳐가고
풋풋했던 연애가 찢어진 수첩처럼 흩어졌어
지느러미를 잘라낸 횟집은 온통 파도 소리로
형제자매 얼굴들은 주름살로 찰방거렸지

취기로 뱉은 말은 흥건히 젖어

바다는 노을을 데리고 왔었지
유리창에 서로의 입김을 불어가며
흘러간 노래도 소리쳐 불렀어
우리들의 싱싱한 광어는 아가미만
뻐끔거리며 눈을 흘기고 있었지

벚꽃 분분하게 휘날리고 있었어

낙타 일기

—돈황에서

네 귀는 타클라마칸 바람 소리를 언제나 듣고 있다
눈썹과 눈썹 사이에 걸려 있는
네 노역이 아득히 펼쳐 있는 모래사막
월하천을 끼고 방울을 울리면서
명사산 모래 능선에 서 있어도
네 눈엔 역사의 슬픈 발자국이 남긴
너울 펄럭이는 푸른 강을 잊지 못하지
바다에 이르지 못하고 묻혀 버린
강의 숨결이 보고도 싶지
풀피리 소리도 들리지 않는 평원은
사막을 몰고 가는 사구가 되어
지평선 멀리 하얀 달무리 지나가는 길이 되었다
가파른 먼 길 걸어오느라 닳아버린
네 개의 통굽 발톱들
네 등짐을 풀고 쉴 수 있는

오아시스는 어디쯤 있을까
네 행상의 끄트막에 지문처럼 얹혀 있는
쇠잔한 너의 등부리에
내가 짊어지고 가야 하는 시간의 행로도 함께 얹혀 있다

돈황, 사막에 대한 보고

GS 빌딩과 STAR TOUR 빌딩 사이
헬륨 풍선 터질 듯 말 듯
불빛들이 날아다니는 테헤란로
밀려오는 차량들 사이
불안이 톱니처럼 흐른다

낡은 가방 속
접혔던 풍경이 와르르 깨어지고
명사산 길고 긴 계곡
모래알이 내 발바닥을 흘러내린다
모래사막, 짐짓 내 것 아닌 것들이 익숙해지고
낡은 풍경들이 느릿느릿 기어나온다

바다로 가는 길은 꿈에도 보이지 않고
침대 속과 식탁,
발바닥 비단길

모래무덤 속으로
번지점프 하듯
지금 액셀을 밟고 있다

몰려오는 황사
내 손이 닿지 않는 저 허공 창문
경적을 울리며 차량들은 지나가고
하늘로 치솟은 피라미드 어디쯤
흐릿하게 묻어 있는 배기가스가
뜨겁고 건조한 문자들을 전송한다

기호, 흘러보내기

한 필 비단보를 위해
실타래를 날줄과 씨줄에 걸었던 것처럼
말 아니, 기호를
단단한 문장이라고 걸어 놓았네
새롭다는 것이 언어의 유희라고 느꼈는지
거미는 혓바닥으로
한 입씩 바닥으로 뱉아버리네
곤두박질치는 말들이 움찔거리네
아슬아슬하게 붙어 있는 말들은
날렵한 말들과 함께 거미줄에서
뛰어내리네 나는
있는 힘을 다해 벽으로 기어오르는
엉겨 붙은 문장들이
대체 무슨 뜻인지
카페 아르메스에서 내내 기다리고 있었지
입 밖으로 불쑥불쑥 돋아나기도 하고

아바네라 탱고같이 스며들기를 기도하네
실핏줄이 창백하게 엉겨 붙은
유리창 너머에서
자주 공포를 느끼네 그러나 나는
그 빛나는 눈망울을 길게 바라보고 싶네

이별, 그리고 0과 0 사이

그래, 겨울이었어
그리고 햇살이 이렇게 고른 한나절이었어

갑자기
햇살 한 조각에
소나무에 얹힌 눈송이가 퍽퍽 떨어지고
네가 지워져버렸어
짖어 봐 아니, 달려 봐 아니, 으르렁거려 봐
울다가 웃다가
코를 킁킁대며 폴짝거리며 뛰어다니는 너를 기억해

빨간 벽돌에 갇힌
나의 겨울이 뜨거운 혀를 내밀어
너의 발굽을 이제야 풀고 있네
너의 울음이 허공을 적시고 있나 봐

올가미에 갇힌
0은 0이고
슬픔은 슬픔이라고 누군가
중얼거리네
주어와 서술어 사이 쇼파는 쇼파일 뿐

복제가 되는 상처
텅 빈 암실을 빠르게 지나가는 빛줄기처럼
홀로 남은 이야기는 간접화법으로 찍히겠지

봄

모니터 놀이터에 말 몇 마리 놀고 있다
옥션에 올려놓았다
아무도 클릭하지 않고
나른한 봄 햇살이 클릭을 했다
연두색 잎사귀를 따라
얼룩말들의 말발굽 소리가 들린다
발자국 웅덩이에 때 아닌
진눈깨비가 쏟아지고 있었다
꺼진 모니터 속에서
꽃눈들 자리 근질근질거린다
꼬리를 길게 늘어뜨린

나

그 노래 기억나지 않고 흘러가네

창 앞에 앉아 옥수숫잎 사각이는 소리를 들으며 그 노래를 듣네 노래 제목은 기억나지 않고 가락만 맴돌고 있네 옥수숫대가 올라오고 맑은 음률은 투명한 그늘 같았네 알갱이들이 조금씩 살이 오를 때, 목젖 밀치며 흘린 듯, 꽃이 지고 해가 지고 손바닥 하늘이 깊어질 때였을까 알갱이들이 박자를 만들어 내 안에 촘촘히 박히기도 했었네 바람결에도 조심스런 빈자리들이 깃털처럼 날아다녔네 여름 내내 알갱이는 터질듯 터질 듯, 흘러가는 저 노래는 아직도 제목이 생각나질 않네 여름이 흘러가네 내 질긴 가락들이 흘러가네 옥수숫대에 매달린 알갱이들이 창창한 음률을 달고 날아가고 있네 한 잎 우주가 꼭꼭 들어찬 노란 저녁 달빛 아래 사각사각 무성해진 내 여름 한 페이지가 그렇게 그렇게 익어가네

고흐의 편지

—테오에게

미친 듯이 타오르는 화산이 내 안에 있어
테오야
쉬지 않고 들끓는 용암은
나를 녹이며 나를 삼키고 있네

나는 내 생이 두렵다
내가 휘갈기는 붓 따라 분출하는 불꽃들은
시들지 않는 내 몸인지도 몰라
테오야
패러디 같은 생이 서로 밀고 당기는 사이
내 갈증은 끝없이 되풀이되고 있어
막막한 사막이 되고 있어
테오야
단말마의 비명처럼
내 안에 그것들은

광기일까 아님 불꽃일까

날마다 나를 먹어대는 골목 저 안쪽
아무리 돌이켜도 허기지는 골짜기
이젠 쉬고 싶구나
테오야
나, 혹시 깨어나지 않는 잠 자고 있으면
큰 입 벌리고 있는 저 불꽃 속으로
나를 던져주지 않을래?

바람이 멈춘다

안개도 없었다
자욱한 절벽도 없었다
GS 센터 모퉁이엔
에비타의 현수막이 흩날렸다

횡단보도 건너 깜박이는
둘둘치킨이 있었다
숨소리 모우는 전철이 지나갔다
스타벅스 커피숍을 스쳐갔다

핸드폰 곁으로 눈알을 굴리면서
견인차가 지나가고 있었다
프라다 핸드백 속에는
사랑도 없었겠지

호텔 르네상스

에스컬레이터를 타는
바람이 불어왔겠지

플라타너스에 매달린
약속도
스카프로 가린
얼굴과 얼굴도 없었겠지

사랑도 없었겠지

파도 통신

묵호항 파도소리와
내 핸드폰 컬러링 사이,

바위에 부딪치는 바람과
모래톱에 밀리는 사이,

파도소리를 담는 소라가
내 귓가를 스치는 사이,

해파리가 기어가는 해변과
해당화가 피어 있는 담 사이,

대문에 밀려드는 파도소리와
물빛 비치는 허공 사이,

창문에 달라붙는 빗소리와

창문을 타고 오는 빗방울 사이,

벽에 걸린 시계가 똑딱똑딱
숨 가쁜 하루를 찍어내다

다시 충전시킨 내 휴대폰 집으로
돌아가는
너와 나

파도 메모방,
그 사이

일요일 정오에는 사슴이 지나간다

여자가 사슴을 끌고 간다
빌딩과 빌딩 사이 쏟아지는 사람들 사이로
그녀가 사슴을 끌고 간다
한낮, 다시 빌딩 앞으로
그녀가 사슴을 끌고 가고 있다

여자와 사슴의 그림자가 마주 보고 선다
더 이상 자라지 않는 그림자
사슴의 눈이 젖는다
그녀의 눈동자에 파란 하늘이 내려와 담긴다

먼 하늘이 정오라고 도장을 눌러대자,
그녀를 목에 건 채 사슴이 끌려가고
간유리 속 같은 거리를 돌아
낯선 골목으로 들어선다

사슴이 뱉어내는 긴 울음소리가
빌딩 허리에 부스러지고 있다
그녀는 캄캄한 태양을 장배기에 인 채
사슴에 이끌리어 낙타 등 언덕 길
위로 사라지고 있다

태양이 깔깔거리며 햇살을
양동이로 퍼붓는
일요일 정오

지금
아무런 일도 없다

나를 지워주세요

내버려둘 수 없을까
유리벽과 유리벽 틈새
어두워지는 기억들

나의 창과 당신의 나무는 함수관계가 있다고 말하고
싶겠지

서 있는 나무들이 빗장을 열고
길 밖으로 떠난 기억들

분명 서로의 감각은 다르지
사소하고 개인적인 슬픔들을
어제의 이미지로 밑줄 긋고 말 거야

핸드폰을 버리고 집을 버리고 꼬리도 감추는 것
서로를 절반으로 나누면서

찢기면서 버리는 황홀한 고통
고통을 통과하는
아이스크림처럼 녹아내리는
나의 얼굴

대기권 밖으로 밀어내며
나를 지워주세요

나를 겨냥한다

내 안에 갇혀 있던 말들이
힘들고 아프다고
밖으로 나가고 싶어 발버둥이다
연초록 형용사로 피어날 수가 없다고
격렬하게 출렁인다
내 목을 짓누르는 감성의 풀뿌리들은
내 가슴의 지도 위에서
목마름에 길을 잃어버렸다
언저리를 돌면서, 말이 향기가 되질 않는
말과 말의 토씨들 사이, 눌려
뼈와 살도 아프다
횡설수설 늘어놓는 헛소리를 향해
천천히 천천히 방아쇠를 당긴다
탕!
탕!
탕!

|해설|

길 위에서 말을 찾다 : 이미지 혹은 시말 여행

김석준 | 문학평론가

1. 글을 들어가며

말은 길이고, 길은 모두 말로 환원된다. 시말은 말의 고유한 길을 찾아 떠나는 지난한 여정이다. 시말은 항상 이미 난 길에 대한 거부에의 의지다. 맞다. 그것은 의지라고 말하는 것이 타당하다. 왜냐하면 그것은 눈 트임에 의한 새로운 길 트임이기 때문이다. 특히 금번 상재한 하두자 시인의 『불안에게 들키다』는 시인 특유의 감각을 말 속에 응고시켜 새로운 삶-시간-세계를 모색하고 있다. 시인에게 시-말-길은 한 지점으로 내

다. 모든 길은 밝음이 아니라 어둠이다. 맞다. 비록 길이 인생이라는 함수를 정확하게 읽어내기 위한 노력들로 가득 차 있기는 하지만, 우리는 늘 그 길 위에서 아무런 정답을 내지 못한 채 헤매고 방황하게 된다. 인간학적 토포스란 늘 그렇듯이 일정한 자리가 없다. 맞다. 노마드라고 말하는 것이 타당하다. 들뢰즈적 노마드이건 몽골 유목민적 노마드이건 상관없이, 우리는 생의 거대한 바다 위를 유랑하면서 한 세계를 건너게 된다. 헌데 헤매게 된다. 헌데 "바다로 가는 길"도 "비단길"(「돈황, 사막에 대한 보고」 중)도 미궁에 빠진다. 길에 들어선다는 것은 그 자체로 미궁이다. 마치 "모든 길은 바다가 아닌 어둠 속으로 길을 낸"(「욕지도」 중) 것처럼, 우리는 아포리아 속에 빠져 노마드가 된다. 어디에도 정주할 수 없다. 어쩌면 시인은 운명적으로 노마드인지도 모른다. 왜냐하면 시인이란 그 자체로 말과 길 사이에서 헤매는 자이기 때문이다. 하여 우리 모두는 길 없는 길 위를 노마드로 유랑하면서 길 위에서 소멸하는 자이다.

> 누군가 또박또박 걸어 나간 자리 한 무리의 부러진 길들이 여우의 꼬리로 휘어지네요 캄캄한 밤은 어둑해진 손목

시계를 비켜가며 내려오는데요 너무 멀리 떨어지던 별들을 지나 마지막 문밖을 서성이던 새벽을 지나

지금, 우린 어디로 가고 있어요?

—「노마드 정거장」 일부

길이 인생으로 비유될 때, 유랑이나 방황은 필수이다. 우리는 어디서 온 지 모를 뿐만 아니라, 어디로 가고 있는지조차 모른다. 우리가 당도하는 곳은 필연적으로 아포리아이다. 하여 우리는 알비노니의 「아다지오」의 서정적 음률 위를 종주하다가 그것이 이내 바흐의 「G선상의 아리아」로 변주된다는 사실을 직감하게 된다. 생은 동일한 음가나 음률 위에서 연탄連彈하게 된다. 비록 하두자 시인이 길과 길 사이에 톡톡 튀는 이미지들을 노마드적으로 안치시키는 했지만, 이미지는 그 현란한 감각을 휘어 애절한 "그리움"의 지대로 이입하게 된다. 길 위에 선 자들은 언제나 그리움으로 휜다. 마치 생이 미궁의 지대로 휘어져 어디에 당도하는지를 모르는 것처럼, 우리는 늘상 현재를 끊임없이 유랑하게 된다.

엄밀한 의미로 볼 때, 「노마드 정거장」은 일상적 삶의 가벼운 유희를 여행모티브로 응결시켜 감각적인 이미

지로 그려낸 시이다. 헌데 이 시가 재미있는 이유는 길과 길 사이에서 생이 휘어지는 국면을 아포리즘적으로 사유하고 있다는 점이다. 시인 하두자는 명랑한 이미지들의 불연속적인 가벼운 유희를 통해서 현란한 말의 잔치를 벌이다가, 자신에게 허여된 시간의 의미를 직관 통찰하게 된다. "캄캄한 밤"으로부터 "새벽"을 거치는 과정에 그는 자신의 존재론적 위치가 어디인지를 묻게 된다. "지금, 우린 어디로 가고 있어요?" 모른다. 맞다. 모른다고 말하는 것이 타당하다. 왜냐하면 모든 길은 "여우의 꼬리"처럼 휘어지다가 마침내는 "부러진 길" 위에 당도하기 때문이다. 이미지들의 유희가 휘면 시간의 본질을 응시하게 되듯이, 길이 휘면 삶도 휜다는 사실을 직감적으로 인지 통찰하게 된다. 하여 시 「노마드 정거장」은 휨의 작용에 관한 의미적 성찰이다. 표면적으로 볼 때, 시인의 시적 행위가 시말-유희의 언어적 놀이를 펼쳐내는 것처럼 보이지만, 기실 그 언어놀이는 삶의 진경으로 휘어지는 시말운동임에 틀림없다. 진짜 "지금, 우린 어디로 가고 있"는 것인가를 외면서 길(혹은 인생)의 진정한 의미를 탐색하고 있다. 허나 다시 말하건대, 우리는 모른다. 우리는 저 미궁 같은 아포리아에 빠져 인간학 전체를 불모의 지대로 이끌어가게 된다. 노마드는 노마드로 이어져 반복을 일삼게 된다.

한 사내가 길을 떠나보내고 있었다

몇 점 흰 구름을 뱉어내고 있었다

밀밭 속에서 파닥이는 새소리를 듣고 있었다

노란 햇살을 당기고 있었다

구부정하게 검은 우산을 들고 있었다

황톳길 먼지를 바짓단에 말아 올리고 있었다

햇살이 닦아 놓은 길을 올려다보고 있었다

낮달이 하늘 한 귀퉁이로 사내를 밀어내고 있었다
—「낮달이 있는 밀밭 길」 전문

길은 "한 사내"의 의식적 주체다. 길은 말-사태가 아니라 생-사태다. 하여 길은 "길 밖의 곡선"으로 휘기도 하고, "길 안의 곡선"(「갈비뼈에 대한 부정문」 중)으로 휘기도 한다. 길은 이중의 작용이다. 길은 이중의 곡면 위에 기입된 생에의 흔적이다. 말하자면 길은 안과 밖의 휨 작용을 통해서 인생길로 치환되는데, 그것은 스스로를 들여다보는 의식의 작용이다. 길은 자화상이다. 비록 시인이 장욱진 화백의 유채화인 「자화상」을 통해서 서경적 풍경을 소묘하고 있지만, 하여 길 위에 펼쳐진 그 모든 것들이 그림 언어를 시말로 치환시킨 것이기는 하지만, 길은 "한 사내"의 생에의 형식을 표상하고 있다. 불안과 초조로 점철된 화가 장욱진의 생을 들여다보면서, 시인 하두자는 자신의 생 또한 그림 언어 위에 겹쳐놓고 있다.

허나 시 「낮달이 있는 밀밭 길」은 길이 지닌 의미론적 내접면이 아니라, 길 위를 걷는 "한 사내"의 지난한 여정을 가볍게 소묘하고 있다. 상처받은 영혼을 치유하는 시인. 하두자는 장욱진의 「자화상」을 뚫어져라 쳐다보고 있다. 불안도 보이고 초조도 보인다. 헌데 시인은 그림의 불안전 구도를 즉물적인 이미지로 세밀하게 그려내면서 길 위에 선 "한 사내"의 인생을 관조하고 있다. 맞다. 분명 시인은 현대 문명사회가 만들어낸 비극상을 그림 속에서 읽어내면서 화가의 지친 영혼을 위무하고 있다. 하여 그림 언어의 문자 언어로의 치환

작용은 사실적이고 즉물적이다. 여덟 번의 "-있었다"라는 행위동작을 넉넉한 시말 공간 안에 안치시키면서 이미지의 현사실적 사태를 투명하게 부조시키고 있다.

헌데 문제는 다시 길에서 비롯하게 된다. 길을 떠나보내고 올려다보면서 혹은 아무런 목적도 없이 불안불안한 길 위를 걷게 될 때, 대저 우리는 어느 길 쪽으로 휘게 되는 운명인가. 분명 길 위에 들어선다는 것은, 영화 『라 스트라타』의 주인공인 젤소미나와 잠빠노의 길 위의 노마드적 인생처럼, 고난과 시련의 연속이다. 하여 길은 생에의 잔영들이 고스란히 간직된 자화상이다. 우리는 길 위에서 스스로를 성찰하게 된다. 비록 "한 귀퉁이"로 밀려나는 길 위의 인생일지라도, 우리는 길 위에 펼쳐지는 수많은 사태를 응시하면서 진정한 자신의 본모습을 찾아가게 된다. 그리고 그것이 바로 길의 본성이자, 시인이 장욱진 화백의 「자화상」에서 읽어낸 삶-시간-세계의 진경이다.

사람들이 지나간 발자국에 길들이 가득 고여 있다 아무도 알지 못하는 길도 길을 기다리고 있는 걸까 제자리에서 제 몸을 굴려 더 넓게 탄탄하게 만들기 위해 발자국이 많이

되어 있기 때문이다. 길이 미지의 아포리아 맞닿아 있듯이, 인생도 해결이 나지 않는 그 무엇인가에 의해 이러지도 못하고 저러지도 못하게 된다. 하여 "길 위의 여자"는 위기의 여자이자, 자신의 삶 전체를 기투하는 여자이다. 비록 시인이 미지의 대문자 X로 존재하는 "하얗게 웃고 서 있는 당신"의 정체가 무엇인지 묻고 있지만, 당신은 길이 당도하는 최후의 지점이다. 우리는 대타자인 당신에게로 간다. 헌데 문제는 대타자인 당신을 알 수 없다는 데 있다. 우리가 노마드처럼 길 위에서 그렇게도 방황하는 이유는 당신이라는 아포리아의 정체를 해명하기 위해서이다. 길 위를 걷고 물으면서, 절망과 희망 사이를 유랑도 하면서, 한 세계를 건너가는 것이 바로 인간학적인 운명이다. 역으로 시인이란 푸코 식으로 말해서 인간학적 잠에서 깨어나 명징한 진리를 열망하는 자이다. '당신의 정체가 무엇이지. 우리는 왜 당신에게 이르러야만 하지.' 허나 미궁에 빠진다. 길 위에 선 자는 항상 질문하다가 존재론적 아포리아에 이르게 된다. 생에의 형식으로 오는 자는 수렁 같은 저 아포리아를 건널 수 없다. "누. 구. 세. 요?", 당신!

3. 이미지의 운동 혹은 감각의 유희

금번 상재한 하두자 시인의 『불안에게 들키다』는 독특한 시적 포즈를 취하고 있다. 말을 현혹하는 시인 혹은 말의 역동적인 운동. 말은 항상 말을 불러일으켜 말의 변이를 이룩하게 된다. 말을 말-사태가 아니다. 말은 말의 순수한 이미지 운동이다. 하여 시인에게 말은 세미오틱 코라가 작동하는 시말의 저장고이거나 쌩볼릭적인 것의 순치과정이다. 맞다. 하두자 시인에게 있어서 언어란 이미지의 조형력 그 자체라고 말하는 것이 타당하다. 아니 역으로 이미지가 아닌 것은 시가 될 수 없다. 이미지는 또 다른 이미지를 불러 일으켜 시 전체를 이미지의 제국으로 건설하고 있다. 헌데 이러한 이미지의 역동적인 운동으로 인해 하두자 시인의 시들을 이해하는 데는 많은 노력이 필요하다. 다시 말해서 그의 시말운동은 환유적이다. 하여 그의 시들은 이해하기가 그렇게 쉽지 않다.

칼날을 살 속으로 밀어 넣는다
뼈와 뼈 사이
헐겁게 떠돌던 이모티콘

책갈피를 넘기다가
벼랑 끝으로 밀어낸다
화면 위에 등뼈를 올려놓고
아이콘을 가지런히 놓는다
1.5 시력 빛으로 달려오는
이모티콘

시퍼렇게 살아 어둠에
반짝이는 문장들 빛을 꿰어
칼날을 접는다 클릭 할 수 없는
아주 오랜
빽빽한 이미지들

잠시 홍역처럼 잊혀진
문장들이 컴퓨터 가득 흐른다
책갈피 사이사이를
훔. 치. 고. 싶. 다

—「이미지즘」 전문

21세기는 실상이 지배하지 않는다. 우리는 이미지에 의한 이미지 운동의 노예이다. 노드되고 링크되는 이미지. 우리가 살아가는 세계는 이미지가 지배하고 있다. 배후도 없고 실상도 없다. 단시 현시되는 것은 이미지뿐이다. 하여 너도 이미지고 나도 이미지다. 그것은 역으로 너도 없고 나도 없다는 말이 된다. 우리는 이미지의 대체 운동 속에서 무한수렴하여 이미지로 사유하고 이미지가 감정을 대리 표출하게 된다. 하여 21세기에 이미지는 그 자체로 절대다. 그런 의미에서 볼 때, 시 「이미지즘」은 현대성을 관통하는 이 시대의 자화상에 대하여 진솔하게 고백하고 있다. 사이버스페이스 혹은 이모티콘. 우리는 가상공간이 펼쳐내는 이미지의 길을 따라가다가 그것이 빛이 아니라 "빚"이라는 사실을 직감하게 된다. 맞다. 현시된 이미지는 빚이다. 현대에 이미지의 운동은 순수하지 않다. 아니 이미지는 자본의 기호이거나 유혹의 몸짓이다. 맞다. 이미지는 보드리야르가 『시뮬라시옹』이나 『소비의 사회』에서 말한 것처럼, 철저하게 계산된 자본의 표상이다.

하여 이미지가 현시하는 최대 덕목은 산종이다. 감각의 제국 혹은 복제의 복제. 이미지란 실재의 과대포장이거나 가상이 실재를 대신하는 감각적인 기호이다. 마치 이모티콘처럼, 이미지는 시인의 삶의 감정을 대리표상하는 실체이다. "반짝이는 문장"들을 예리한 감각의 "칼

날"로 저며 내면서 이미지는 다른 이미지를 도발하게 된다. 하여 시인에게 이미지의 작용은 전이다. 아니 하두자 시인은 환유적인 언어체계를 이미지의 운동으로 역동화시켜 말과 말 사이의 간극을 최대화시킨다. 불러일으켜진 이미지는 새로운 이미지로 대체된다. 왜냐하면 이미지는 낡은 것이 아니라 새로운 것에의 욕망이기 때문이다. 맞다. 이미지는 상표처럼 욕망의 형식이다. 아니 역으로 욕망이 아니고서는 절대로 이미지로 재현되지 않는다. 마치 불연속적으로 언표된 "훔. 치. 고. 싶. 다"라는 욕망의 동사처럼, 이미지는 새로움에의 욕망이다. "헐겁"거나 "잊혀진 문장"들은 "벼랑 끝"으로 밀려난다. 가제트적 발상을 현시한 이미지만 클릭되고 "홍역"처럼 번진다. 이미지는 무한 복제의 운동이다.

①가장 먼 손끝에서 가장 가까운 가슴으로
카페라테향이 흘러내는 밤
네 손 끝에 흔들리는 밤
내 눈물이 보이지 않는 밤 「불안에게 들키다」 일부

②내가 날리고 싶은 공은
타클라마칸에서 부는 돌풍 같은 공

눈썹 위에 맨발로 떨다가 하늘을 향해
황홀하게 첨벙,
뛰어 내리는
바람의 공

허공 한줌 「델리의 공」 일부

③햇살 만지작거리다

줄무늬 남방에 스며든 석양이 밀물진다
—「회색 줄무늬 남방」 일부

이 세계는 이미지의 천국이다. 이미지란 이 세계를 감각으로 촉지할 수 있는 유일한 방법이다. 감각적 확실성 혹은 현전 이미지의 즉물성. 이미지란 대상에 응고된 감각의 길이다. 하여 이미지는 감각의 즉자대자 운동이다. 세계-내-존재들을 투시하면서 대상의 새로운 면모를 발견하는 것이 바로 이미지다. ①은 전도된 주체와 객체 사이사이를 다양한 감각적 이미지들이 종주하고 있다. 헌데 이 시가 놀라운 점은 불안에게 들킨 시인의 내면세계를 감각 이미지로 전경화했다는 데 있다. 시인에게 이미지는 전복에의 의지다. 객체인 "불안"을 주체로 위치 전환시키면서 하두자 시인은 이미지의 전복적 효과를 배가시키고 있다. 후각, 촉각, 그리고 청각 등의 감각을 총동원하여 불안에게 들킨 대상을 주밀하게 살피고 있다. 허나 사라지는 대상, 허나 "한 줄기 연기"처럼 사라져 부재한 대상. 다시 이미지가 불안과 대상의 관계를 재차 역전시켜 형상화된 이미지들이 불안이었다는 사실을 증명하게 된다. 하여 이미지는 전복의 의지이거나 그것을 재차 전도 시킨 전도의 전도이다. 다시 말해서 불안에게 들킨 것은 불안이 아니라 불안한 나이다.

②는 장타자로 유명한 미국 PGA 골퍼 존 델리를 통해서 이미지의 역동적인 운동을 전개하고 있다. 이미지는 가이아이론이거나 나비효과이다. 이미지는 비약이다. 이미지는 시인의 의식적 자리이거나 공간이동이 가능한 시인의 심혼이다. 녹색 초원 위를 341야드의 비거리로 나는 "델리의 공"을 몽상하면서, 시인은 "타클라마칸" 사막의 어디쯤을 상상하고 있다. "눈썹 혹은 하늘". 이미지의 비행은 골프공의 비거리를 넘어 "바람"이 가닿는 지점으로 비약하게 된다. 하두자 시인에

게 이미지란 자유다. 아니 역으로 자유롭게 도발하고 유희하는 이미지가 아니고서는 이미지운동이라고 말할 수 없다. 왜냐하면 이미지란 그 자체로 불확정성의 원리를 구현하면서 새로운 세계로 비약하기 때문이다. "내가 날리고 싶은 공은" "허공 한줌" 위를 유유히 날아가는 영혼이 자유로운 "돌풍 같은 공"이다.

③은 섬세한 시인의 시적 감각을 이미지로 치환시키는 수작이다. 상상력 혹은 이미지의 욕동. 시인에게 "회색 줄무늬 남방"은 "햇살"이고 "석양"이다. 이미지의 전이 혹은 인간학의 도발. 이미지는 "햇살"로부터 "몸"으로 가는 운동이다. 맞다. 시인의 이미지의 운동은 시말이 형상화되는 지점이자, 대상이 인지 통찰되는 과정이다. 헌데 이 시가 재미있는 이유는 물자체로 존재하는 질료적 대상(남방)을 의식적으로 재구성한다는 점이다. 다시 말해서 "회색 줄무늬 남방"이 하나의 구체적인 이미지로 현전화될 때, 시인의 촉수에 붙들린 감각적 이미지들이 역으로 대상의 의미를 재활성화시키게 된다. 하여 이미지는 의미의 사실이다. 왜냐하면 시인에게 인지된 이미지들은 단순한 사실의 나열이 아니라, 하두자에게 속한 삶-시간-세계에 관한 의미

의 구성체이기 때문이다. 따라서 시인이 조어해낸 이미지의 시말운동은 의식이 대상을 새롭게 구성하는 코페르니쿠스적 전회의 순간이다.

모니터 놀이터에 말 몇 마리 놀고 있다
옥션에 올려놓았다
아무도 클릭하지 않고
나른한 봄 햇살이 클릭을 했다
연두색 잎사귀를 따라
얼룩말들의 말발굽 소리가 들린다
발자국 웅덩이에 때 아닌
진눈깨비가 쏟아지고 있었다
꺼진 모니터 속에서
꽃눈들 자리 근질근질거린다
꼬리를 길게 늘어뜨린

나

—「봄」 전문

이미지란 볼 수 없는 것에 대한 직관이자 그것의 체화과정이다. 보이는 것은 결코 이미지의 신기원일 수 없다. 역으로 신기원인 것만이 고유한 이미지 운동으로 승화될 수 있다. 사실 하두자 시인의 시를 대하면서 많이 놀랐다. 그 고유한 시적 감각이 그렇고, 이미지의 전개 또한 그렇다. 시인에게 이미지란 한 세계의 건설이다. 시 「봄」도 역시 자유분방한 이미지의 변이를 통해서 봄의 실체를 그려내고 있다. 이접 혹은 연접. 시말은 끊임없이 노마드 식으로 "모니터" 공간을 유랑하면서 말의 비약을 감행하고 있다. 헌데 문제는 시인이 바라본 "봄"에 대한 감각이다. 무한히 확대되는 이미지 혹은 말과 말 사이의 간극, 또는 이질성. 이미지들은 때론 서로 경합하기도 하고, 때론 서로 상생의 조화를 이루면서 "봄"을 향해 내달리고 있다.

이미지는 운동이다. 이미지는 말의 현사실적 사태가 아니다. 그렇다고 단순한 감각이 이미지가 된다는 말은 결코 성립하지 않는다. 이미지는 오브제의 객관적 소묘도 아니다. 하두자 시가 놀라운 점은 이미지의 운동 전체를 오브제에 투영시키는 것이 아니라, 오브제의 전도이다. 말하자면 형상화된 이미지는 오브제에 비추어진 이미지가 절대 아니다. 이미지는 오브제 밖에 존재하는 미지의 길이다. 이미지는 사물로, 소리로, 색채로 끊임없이 변이되면서 "봄"에 대한 감각을 일러세운다. 역으로 하두자 시의 이미지들은 대상의 현현이 아니라, 대상의 전도이거나 대상의 신기원이다. 말하자면 물자체로 언명되는 오브제를 다각도로 투시하다가 그 이미지가 오브제를 포위하는 미묘한 사태를 연출하고 있다.

말하자면 시인의 시말운동은 이미지의 창조가 아니라 이미지의 외연을 무한대로 확대하여 이미지-사태가 오브제를 역으로 재구성하는 방식을 취하고 있다. 이 얼마나 놀라운 발상인가. 이 얼마나 재미있는 시말유희인가. 비트겐슈타인의 『논리철학논고』나 『철학적 탐구』에 나타난 테제들을 교묘하게 변주하여 이미지의 왕국을 건설하고 있다. 말하자면 '이 세계는 이미지의 총합이다.', '이 세계는 이미지적 말놀이다.' 하여 이 세계는 이미지의 신기원을 통해서 새롭게 의미규정될 수 있다. 마치 "봄"에 관한 감각이 "봄" 이미지의 신기원을 이룩했던 것처럼, 하두자 시인의 시말운동은 환유적 이미지를 끊임없이 새롭게 조어해내면서 말-사태가 이미지-사태로 치환되는 지점으로 내달리고 있다.

4. 소멸로 휘어진 생의 그림자

우리는 "영혼의 블랙홀"(「스트레스 명상법」 중)에 빠지

게 된다. 우리는 "내 안에 갇혀 있던 말들"과 "나의 언어"(「나를 겨냥한다」 중)를 통해서 아포리아 같은 생의 바다를 건넌다. 하여 우리는 삶을 살아가는 것이 아니다. 우리는 그림자다. 우리는 미망이다. 우리는 저 현란한 이미지를 유혹하고 도달하다가, 그것이 그림자로 수렴한다는 사실을 직감하게 된다. 헌데 문제는 시인이 추구했던 그 모든 시말운동이 그림자로 수렴하게 될지 모른다는 사실이다. 맞다. 우리는 언제나 저 현란한 말-이미지를 추구하다가, 그 모든 사태가 무의미하다는 사실을 깨닫게 된다. 이미지는 존재의 그림자다.

비록 시인이 길 위에서 말을 찾고 이미지를 도발하지만, 길은 항상 인생이라는 존재론적 국면으로 수렴하게 된다. 하여 금번 상재한 하두자 시인의 『불안에게 들키다』는 나와 그의 변증법적 운동을 통해서 생이 도달하는 진경을 응시하게 된다. 맞다. 표면적으로 볼 때, 『불안에게 들키다』는 감각적인 이미지를 통해서 언어유희를 감행하는 것처럼 보이지만, 그것은 단지 말의 표면일 뿐이다. 언어의 곡면으로 말이 휘어 심층으로 내접해 들어갈 때, 말은 단순한 말-사태를 이미지화한 것이 아니라, 말-한계를 돌파하여 존재의 심연을 응시하게 된다.

그는 그림자를 찍는다
나는 찍혀지지 않는 것들을 바라본다
찍혀진 작은 발자국은 비릿한 풀밭을 비비며 눕기도 하고
그를 기다리며 졸기도 했다

여기저기 몸을 툭툭 터트리며 허공을 들쑤시고 다니다
햇살 속으로 자박자박 걸어 들어갔다 그가 힐끗 훔쳐보았을 때
자동차 뒷바퀴에서 집까지 따라 온 발자국에서 헐떡이는 소리가 들린다

두통처럼 발자국에 눌러 붙은 그림자가
유리창에 이마를 뭉갰다 푸른빛이 되어 어디론가 흩어졌다

나는 나의 그림자를 찍는다
그는 찍혀지지 않는 것들을 바라본다

—「니콘 D3 DSLR 1210」 전문

그와 나 사이에 있는 "그림자"의 정체는 무엇인가. 우리는 저 찬란한 생에의 형식을 살아내다가 왜 그림자에 모든 의식을 집중시키는가. 생이 본래 그런 것인가, 아니면 생이 도달하는 지점에 그림자가 있기 때문

인가. 문제는 "나"가 아니라, "그"에서 비롯한다. 아니 모든 인간학적 문제는 "그"라는 대타자에 의해 도발된다. 역으로 "나"(시인 하두자)는 주체가 아니다. 제아무리 이미지를 유혹하고 도발하여도 이미지는 존재의 허상이다. 맞다. "그"는 하데스이거나 헤르메스다. 그는 죽음본능의 체현자이자, 생에의 형식을 사후세계로 건네는 자이다. 그에게 찍히기를 거부하는 나와 그 사이에 그림자가 있다. 삶-시간-세계의 앞면과 뒷면에 그림자가 매개되어 있다. 아니 역으로 그림자가 인간학 배후에 음습해 있다.

시인 하두자는 시 「니콘 D3 DSLR 1210」를 통해서 생에의 의미를 되짚어가고 있다. 불길하고도 무시무시한 그림자에 사로잡힌다는 것은 바로 죽는다는 것이 아닌가. 그림자는 죽음본능이다. 시말운동의 배면을 가로지르는 그림자에 관한 시인의 심리적 기제는 생의 욕동이 아니라 죽음의 욕동이다. 설령 인간이 이미지를 유혹하고 그것을 통해서 존재적 확신에 이를지라도, 생은 언제나 죽음이라는 덫을 통해서 생을 반추하게 된다. 그것은 역으로 우리가 "그림자를 찍"는다가 아니라, 그림자가 우리를 찍는다고 표현하는 것이 옳

의 운동이다. 하여 시인에게 이미지란 생-사태의 재현이다.

시 「피라미드의 방 · 1」은 그러한 사례의 적확한 예이다. 시인은 재기발랄한 이미지를 유혹하는 언어들의 제의를 노마드 식으로 이접시키다가, 이 모든 언어를 통해서 존재론적 의미를 함의한 "나를 수신"(「피라미드의 방 · 2」 중)하는 경지에 도달하게 된다. 시인에게 이미지는 하나의 역동적인 운동이다. 마치 미치오 가쿠가 『초공간』이라는 저서를 통해서 다차원의 새로운 세계를 설명하기를 열망했던 것처럼, 시인 하두자도 이미지를 통해서 존재의 새로운 차원을 미시적으로 응시하기를 소망하고 있다. 이미지란 차원이 변이된 세계이다. 이미지는 세계와 세계의 접점이다. 아니 새로운 이미지가 아니고서는 세계의 진면목을 볼 수 없다.

물론 시인의 시말운동이 인간학적 운명의 함수인 타나토스 위에서 욕동하고 있는다는 사실을 부인할 수 없다. 허나 저 명랑한 이미지들은 그 운명의 함수를 전도 전복시켜 "한 번쯤 순서를 바꾸어도 좋지 않을까"를 읊조리게 만든다. 어찌 "벽을 타고 흘러내는 생"을 바꿀 수 있겠는가. 어찌 "그림자"에 갇힌 생에의 형식을 혁신시킬 수 있겠는가. 하여 칼 융의 그림자(Shadow)처럼, 시인의 "그림자"는 불안하다 못해 불길하기까지 하다. 아니 생 옆에 들어붙어 죽음을 유혹하는 그림자는 존재의 심연이거나 투명한 이미지의 운동을 정적으로 가라앉혀 생을 성찰하게 만든다. 허나 시인은 이 지점에서 하나의 반전을 준비하고 있다. 시말운동이 전개되는 공간이 "피라미드의 방"인 한, 우리는 소멸로 사라지는 형식이 아니라 불멸에의 열망이다. 우리가 "피라미드의 방" 안에 있는 한, 우리는 영원으로 휘게 된다. 아마 시인은 저 죽음본능 같은 그림자를 휘어 생에의 형식으로 재귀하기를 소망하고 있는지도 모른다.

전동차가 길을 열고 있다
숨가쁜 사람들 틈새에서
내 마음만 먼저 보내고
뽕나무 그늘, 잠원역에서
다음 차를 기다리고 있다
맞은 편 벽 거대한 누에가
타일 벽에 그림자처럼 붙어 있다
뽕잎을 갉는 누에 한 마리
사각사각

타일 한 장을 물고 있다
몇 번의 잠을 잤을까
누에들이 풀어놓은 긴 줄 따라
사람들이 줄줄이 나오고 있다
내 옷을 입은 사람들이 제 몸에서
빠져 나가더니 다시 승차하고
전동차 그림자는 제
그림자만 끌고 반복되는 길
위를 맴돌고만 있다

—「잠원역」 전문

길이 반복으로 자신의 길을 내듯이, 생의 그림자 또한 "반복"이다. 우리는 반복이다. 차이를 새겨도 반복이고, 차이의 차이를 유혹해도 반복이다. 우리는 언제나 "반복되는 길/위를 맴돌고만 있다". 어쩌면 시인 그렇게도 치열하게 추구했던 이미지의 운동은 그 반복적인 생에의 형식의 거부임에 틀림없다. 맞다 거부라고 해야 마땅하다. 헌데 거부해도 되돌아온다. 되돌아와 반복적인 생에의 형식을 살아내는 것이 인간학의 진면목이다. 맞다. 우리는 반복의 길 위를 숨가쁘게 살아간다. 시 「잠원역」은 길과 이미지와 생이 교묘하게 이접

된 노마드적 삶에 관한 단상을 총체적으로 형상화한 수작이다.

우리는 길 위에 인생이다. 아니 우리가 길에 들어서지 않고는 생도 모르고 죽음도 모른다. 우리는 저 오묘한 "반복"이 지배하는 동일성의 세계를 거부하면서 늘 새로운 생이기를 열망한다. 이미지의 도발 혹은 생에의 열도. 허나 우리는 "다시"이다. 허나 우리는 "다시"라는 부사어를 되부르면서 언제나 동일한 "그림자"를 반복적으로 끌고 다닌다. 맞다. 우리는 "제 그림자"를 벗어나지 못한다. 비록 하두자 시인이 톡톡 튀는 개성적인 이미지를 통해서 생에의 형식들을 차이로 언표하기는 했지만, 그 차이는 언제나 "그"라는 대타자 앞에 동일한 것으로 표상될지도 모른다. 차이의 차이는 차이가 아니다. 차이의 차이는 동일한 것의 반복이다. 왜냐하면 제 아무리 도두라진 생을 살아내도 그것은 언제나 동일한 것의 반복일 뿐이다.

눈꺼풀 밑으로 타닥타닥
결박당한 몸과 푸석한 머리칼까지 씻어내고 있어요
붉은 창 밖에서

젖은 나비들이 날개를 파닥거리며
나를 보고 있네요

—「나비 잠」 일부

길 위의 삶은 언제나 미궁에 빠진다. 우리는 아포리아를 돌파할 수 없다. 우리는 보이지 않는 벽에 가로막혀 이쪽에서 저쪽으로 돌파할 수 없다. 인간이 길 위에 들어선 순간, 길은 언제나 길 아닌 곳에 당도하게 된다. 하여 길은, 이상이 「오감도」에서 말한 것처럼, 막혀있거나 뚫려있고, 뚫려있거나 막혀있다. 길은 없다. 길은 길이 아니다. 길이 곧 아포리아다. 그렇게 길 위에서 생에의 형식이 무엇인지 반추하고 찾아 헤매도 길 위에 길은 없음이 자명하게 드러난다. 역시 아포리아다. 시 「나비 잠」은 나비 알레고리에 생에의 형식을 응고시켜 삶-시간-세계가 맞닥트린 그 무엇인가를 형상화하고 있다. 비록 아드리아드네의 실타래를 풀어 미로 속을 헤쳐 나오고자 하나 그 길 역시 미궁이긴 마찬가지이다. 미로 밖이 미로이고 미로 안 또한 미로이다. 삶-시간-세계를 옥죄는 그 모든 것이 미로다. 우리는 미로를 결코 벗어날 수 없다. 우리는 절대로 에드워드